ANALIZA KSIĄŻKI

AF131740

Zólte oczy krokodyla

• • • • • • • • • • • • • •

KATHERINE PANCOL

ANALIZA KSIĄŻKI

Napisany przez Lucile Lhoste
Przetłumaczony przez Kâmil Kowalski

Zólte oczy
krokodyla

. . . .

Katherine Pancol

KATHERINE PANCOL

FRANCUSKI POWIEŚCIOPISARZ

- **Urodził się w 1954 roku w Casablance (Maroko).**
- **Godne uwagi prace:**
  - *Zólte oczy krokodyla* (2006), powieść
  - *Powolny walc żółwi* (2008), powieść

Katherine Pancol urodziła się w Maroku w 1954 roku i w wieku pięciu lat przeniosła się do Francji. Na początku swojej kariery pracowała jako nauczycielka francuskiego i łaciny, a następnie jako dziennikarka, zanim spotkała wydawcę, który zachęcił ją do napisania powieści. Powstała książka, zatytułowana *Moi d'abord* ("Me First"), która ukazała się w 1979 roku. W następnym roku Pancol przeniosła się do Nowego Jorku, aby wziąć udział w zajęciach z kreatywnego pisania na Uniwersytecie Columbia. Podczas pobytu w USA napisała trzy powieści, po czym wróciła do Francji, gdzie poświęciła się pisaniu na pełen etat.

Pancol opublikował do tej pory 14 powieści, z których dwie zostały przetłumaczone na język angielski (*The Yellow Eyes of Crocodiles*, 2006 i *The Slow Waltz of Turtles*, 2008). Wraz z *Les écureuils de Central Park sont tristes le lundi* ("Wiewiórki w Central Parku są smutne w poniedziałki", 2010) powieści te tworzą bestsellerową trylogię. Napisała również inną trylogię, *Muchachas* (po hiszpańsku "dziewczyny"), w której występują ci sami bohaterowie.

ZÓLTE OCZY KROKODYLA

BARWNE POSTACIE I NIEZWYKŁE PRZYGODY

- **Gatunek:** powieść
- **Wydanie referencyjne:** Pancol, K. (2013) *The Yellow Eyes of Crocodiles*. Trans. Rodarmor, W. i Dickinson, H. New York: Penguin.
- **Wydanie pierwsze:** 2006 r.
- **Tematy:** odkrywanie siebie, saga rodzinna, miłość, ambicja, kłamstwa

Książka "Zólte oczy krokodyla" została wydana w 2006 roku, a w 2013 roku ukazało się jej angielskie tłumaczenie. Jest napisana prostym stylem i opowiada historię Joséphine i Iris, dwóch sióstr, które nie mogłyby być bardziej różne. Joséphine brakuje pieniędzy, podczas gdy Iris pragnie uznania jako pisarka, więc dochodzą do porozumienia: Joséphine napisze jako ghostwriter książkę, która zostanie wydana pod nazwiskiem jej siostry.

W kwietniu 2014 roku we Francji ukazała się adaptacja filmowa o tym samym tytule. Jest ona w dużej mierze wierna książce, a szczególny nacisk kładzie na relacje między Joséphine i Iris.

PODSUMOWANIE

SERIA NIEUDANYCH ZWIĄZKÓW

Na początku powieści mąż Joséphine, Antoine, który od roku nie ma pracy, zostawia ją dla Mylène, kobiety, z którą ją zdradzał, pozostawiając ją zdruzgotaną.

Podczas gdy przyjaciółka Shirley wspiera ją w tym rozstaniu, jej matka Henriette i siostra Iris są znacznie mniej przychylne, ponieważ uważają, że nie jest ona wystarczająco silna, aby sobie z tym poradzić. Stosunki Joséphine z nimi zawsze były dość napięte, ale teraz po raz pierwszy przeciwstawia się matce i odrzuca oferowane przez nią pieniądze. Jest zdecydowana ułożyć nowe życie dla siebie i swoich dwóch córek, Zoé i Hortense , nie polegając na nikim innym.

Tymczasem Antoine zaciągnął ogromną pożyczkę, aby móc wyjechać do Kenii i prowadzić farmę krokodyli. Nie może jej jednak spłacić, więc Joséphine sama spłaca całą sumę. Mąż Iris, Philippe, oferuje jej wynagrodzenie za przetłumaczenie kilku umów, a po przekonaniu się o jakości jej pracy prosi ją o przetłumaczenie biografii aktorki Audrey Hepburn (1929-1993).

Kenijska przygoda Antoine'a kończy się tragedią: jego farma okazuje się porażką, a on sam ginie, gdy zjada go krokodyl.

Ze swojej strony Iris wie, że jej małżeństwo jest na krawędzi, ale jest zbyt przywiązana do wygodnej pensji Philippe'a i wizerunku pary, by z nim zerwać. Zanim go poznała, pisała scenariusze i żyła pełnią życia, ale kiedy wyszła za mąż, wydawało się, że stała się inną osobą. Często śni o swoim dawnym chłopaku Gaborze Minarze, ale mimo to jest zdeterminowana, by odzyskać uczucie męża. Aby to zrobić, razem z siostrą wymyślają kłamstwo.

Związek Henriette z jej drugim mężem Marcelem również się rozpada. Marcel żałuje, że ożenił się z kobietą o złym usposobieniu, która wydaje wszystkie jego pieniądze, nieustannie go bije i nie zaspokaja emocjonalnie. Ma kochankę Josiane, ale nie udaje mu się długo utrzymać tego w tajemnicy przed Henriette. Ostatecznie rozstają się pod koniec powieści, kiedy on zostawia ją dla Josiane, z którą ma dziecko.

KŁAMSTWO

Iris próbuje popisać się na przyjęciu obiadowym, mówiąc redaktorowi, że obecnie pisze powieść osadzoną w [XII] wieku, i wykorzystuje informacje, które siostra powiedziała jej o tym okresie, aby jej kłamstwo wydawało się wiarygodne. Zdaje sobie sprawę, że jej życie stało się puste i że teraz jest całkowicie zdefiniowane przez jej małżeństwo z Filipem. Jest to tym bardziej niepokojące, że sprawy między nimi nie układają się najlepiej; w rzeczywistości sytuacja jest tak zła, że ich syn Alexandre obawia się, że się rozwiodą.

Wkrótce rozchodzi się wieść, że Iris znów zaczęła pisać, a ona zdaje sobie sprawę, że znalazła się w pułapce, którą sama stworzyła. Następnie sugeruje tajne porozumienie z Joséphine: Joséphine napisze książkę i dostanie pieniądze, które się z nią wiążą, podczas gdy Iris umieści w niej swoje nazwisko, zajmie się mediami i weźmie kredyt. Joséphine zgadza się, ponieważ potrzebuje pieniędzy.

Iris ma nadzieję, że książka pomoże jej odzyskać Philippe'a, który stopniowo się od niej oddala. Spędza więcej czasu z Joséphine, której wpływ zmienia go: nawiązuje kontakt ze swoją ludzką stroną i rozważa rezygnację z pracy, aby móc spędzać więcej czasu z synem.

Podczas Wielkanocy Joséphine rzuca się w wir pisania książki swojej siostry. W bibliotece poznaje mężczyznę o imieniu Luca i idzie z nim do kina.

Pewnego dnia Shirley wyjeżdża nagle do Londynu. Tego wieczoru Joséphine i jej córki oglądają w telewizji bal wydany przez księcia Karola (książę Walii, ur. 1948) i Camillę Parker Bowles (księżna Kornwalii, ur. 1947) na zamku Windsor. Ku swojemu wielkiemu zaskoczeniu Joséphine uświadamia sobie, że jedną z kobiet stojących za królową jest Shirley. Po powrocie Shirley odmawia wyjaśnienia, dlaczego była na balu, mówiąc Joséphine, że jeśli powie jej prawdę, to narazi ją na niebezpieczeństwo. Wydaje się, że mogła być zakochana w tajemniczym "mężczyźnie w czerni" i przyjechała do Francji, aby od niego uciec.

W lipcu Joséphine oddaje Iris gotowy rękopis, aby można go było złożyć do publikacji, a obie siostry wyjeżdżają z dziećmi na wakacje. Philippe przyjeżdża z nimi na weekend. Podczas ich nieobecności, Iris otrzymuje telefon od redaktora, który uwielbia rękopis.

PRAWDA WYCHODZI NA JAW

Gdy książka zostaje wydana, Iris nieustannie występuje w telewizji, by ją promować. Powieść jest hitem, ale Philippe jest rozczarowany żoną, ponieważ podejrzewa, że nie jest ona prawdziwą autorką. Zoé i Alexandre podsłuchują przez telefon, jak przyznaje, że w rzeczywistości nie napisała książki, a Zoé mówi o tym Hortense. Philippe planuje odejść od żony, ale chce, żeby ich związek zakończył się z hukiem. Proponuje, by pojechali na nowojorski festiwal filmowy, gdzie zaaranżuje jej spotkanie z Gaborem Minarem, reżyserem, w którym wciąż jest zakochana. Kiedy się spotykają, uczucia Iris do Gabora i jej miażdżące rozczarowanie, gdy ten mówi jej, że jest żonaty, są dla Philippe'a oczywiste. Mimo zawirowań w życiu osobistym, sukces pierwszej książki inspiruje Iris do poproszenia siostry o napisanie kolejnej, ale Joséphine odmawia.

Mężczyzna w czerni przychodzi do Shirley. Udaje jej się go wyrzucić, po czym ukrywa się na wyspie Mustique, gdzie ma domek letniskowy. Później Joséphine, jej dzieci, dzieci Shirley i Alexandre dołączają tam do niej na święta.

W końcu poznajemy sekret Shirley: jest ona nieślubną córką królowej Anglii. Szaleńczo zakochała się w mężczyźnie w czerni i zwierzyła mu się, ale ten zagroził, że powie wszystko prasie. Dwór królewski zapłacił mu za milczenie, a Shirley została zmuszona do przeniesienia się do Francji, by nie mogła go więcej zobaczyć.

Po powrocie do Francji Joséphine znów widzi Lucę, choć ten zignorował ją, gdy wołała go na pokazie mody, na którym modelował. On wyjaśnia, że to nie on, ale jego brat bliźniak Vittorio, który jest modelem. W końcu zbliża się do Philippe'a i w końcu całuje go w tajemnicy.

Aby utrzymać swoje imię w prasie, Iris wysyła im zdjęcia z młodym mężczyzną (który jest w rzeczywistości Shirley syn

Gary) w celu wytworzenia skandalu. Prawda o powieści, którą twierdzi, że napisała, wychodzi w końcu na jaw, gdy Hortense idzie do telewizji, by zapewnić matce uznanie, na które zasługuje. Joséphine jest szczęśliwa, a Hortense już pyta ją, kiedy napisze kolejną książkę.

STUDIUM POSTACI

JOSÉPHINE CORTÈS

Joséphine, którą wszyscy nazywają Jo, jest główną bohaterką powieści. Ma 40 lat i pracuje w Centre National de la Recherche Scientifique, gdzie bada rolę i status kobiet w XII wieku. Mieszka w Courbevoie, na obrzeżach Paryża. Jest spontaniczna, ciepła, bardzo wrażliwa i bardzo nieśmiała. Sprawia wrażenie dość słabej, często brakuje jej pewności siebie, by postawić na swoim, a w okresie dorastania nie zaznała zbyt wiele uczucia. Chociaż jej ojciec czasami pokazywał jej, że ją kocha, zawsze czuła, że jej siostra Iris jest ulubienicą ich matki.

W miarę upływu powieści stopniowo uczy się bronić siebie, najpierw wobec matki, potem wobec siostry. Mówi Philippe'owi, że kiedy pisze, czuje, że ożywa. Ma dwie córki, Hortense i Zoé. Szczególnie bliska jest jej Zoé, która ma dziesięć lat i wciąż potrzebuje dużo uwagi.

HORTENSE CORTÈS

14-letnia Hortense jest najstarszą córką Joséphine. Jest szczupła, ma kasztanowe włosy i zielone oczy. Pod względem osobowości jest zupełnym przeciwieństwem swojej matki, gdyż jest zawzięta, ambitna i bardzo odważna, bywa wyniosła i arogancka, a także nie ma kontaktu z uczuciami, przez co wydaje się obojętna i zdystansowana. Traktuje matkę surowo i nigdy nie okazuje jej, że ją kocha. Jej pozornie niewzruszona pewność siebie często pozostawia Joséphine w poczuciu niepokoju. Kiedy dowiaduje się, że jej ojciec zmarł, mówi Joséphine, że była dla niego zbyt łagodna i powinna była wywierać na niego większy nacisk, kiedy był bezrobotny. Jej nastawienie zmienia się, gdy dowiaduje się, że to jej matka napisała książkę Iris, a ona sama idzie nawet do telewizji, by jej bronić.

ANTOINE CORTÈS

Antoine jest mężem Joséphine oraz ojcem Hortense i Zoé. Jest średniego wzrostu, ma brązowe oczy i brązowe włosy. Nie znosi konfliktów, a długi okres bezrobocia sprawił, że czuje się bezwartościowy. Zostawia Joséphine dla Mylène, po czym przenosi się do Kenii, gdzie na zlecenie chińskiego biznesmena prowadzi farmę krokodyli. Z optymizmem podchodzi do tego nowego początku, w którym widzi szansę, by wreszcie coś z siebie wykrzesać, ale po kilku miesiącach jest zmuszony przyznać, że jego przedsięwzięcie jest nieudane i pogrąża się w rozpaczy. Umiera zjedzony przez krokodyla.

HENRIETTE GROBZ

Henriette jest matką Joséphine i Iris. Ich ojcem był jej pierwszy mąż Lucien Plissonier, ale zmarł, gdy Joséphine miała 10 lat, a Iris 14. Po jego śmierci Henriette zaczęła pracować dla Marcela i tak się poznali. Źle go traktuje i zostaje z nim tylko dla jego pieniędzy. Reszta rodziny nadała jej przydomek "Wykałaczka", ponieważ nie zwraca uwagi na innych ludzi i wykorzystuje ich, by dostać to, czego chce. Iris jest wyraźnie jej ulubioną córką i wyśmiewa się z Joséphine, którą uważa za zbyt wrażliwą. Jej zachowanie nie opłaca się jednak ostatecznie, gdyż Marcel zostawia ją dla innej kobiety, a Joséphine stopniowo się od niej oddala.

IRIS DUPIN

Starsza siostra Joséphine, Iris, ma 44 lata. Jest piękną, bogatą, elegancką, żywiołową paryżanką o pogodnym, skocznym głosie: "Iris nie żyła i nie oddychała jak inni śmiertelnicy: ona królowała" (s. 15). Jest manipulantką, próbuje kontrolować Joséphine i jest intensywnie zajęta swoim wizerunkiem: Joséphine mówi, że nigdy nie była świadkiem żadnych intymnych, miłosnych chwil między nią a Philippe'em, ponieważ zawsze zdają się oni odstawiać przedstawienie. Życie Iris powoli się rozpada, a w jej małżeństwie z Philippem wydaje się, że po prostu przechodzi przez kolejne etapy. Przed ślubem z Filipem Iris miała wielką radość z życia i żyła pełnią życia. W rzeczywistości wciąż nie pogodziła się ze swoją pierwszą miłością, Gaborem Minarem, z którym studiowała scenopisarstwo. Kiedy pod koniec studiów została oskarżona o plagiat, musiała opuścić USA i przestała pisać. Philippe widzi ją jako "sfrustrowaną artystkę" (s. 397). Pewnego dnia na kolacji próbuje zaimponować redaktorowi, mówiąc mu, że pisze książkę o XII wieku. Aby nie stracić twarzy, prosi Joséphine, aby napisała książkę za nią, ale publicznie twierdzi, że to ona ją napisała i robi wszystko, aby przyciągnąć uwagę mediów. Po odkryciu tego faktu, jej mąż i syn oddalają się od niej, a ona sama z trudem próbuje się pozbierać. Jest zazdrosna o Joséphine, która nie ma jej pieniędzy, urody ani charyzmy, ale jest o wiele szczęśliwsza.

PHILIPPE DUPIN

Philippe jest mężem Iris i para ma razem 10-letniego syna Alexandre'a. Prowadzi własną międzynarodową praktykę prawniczą, ale sukces zawodowy odbył się kosztem jego życia osobistego. Zaczyna zmagać się z tym, że praca oddala go od bliskich i chce zacząć spędzać z nimi więcej czasu, zwłaszcza z Alexandrem.

Jest uczciwym człowiekiem i nie może tolerować kłamstw żony na temat jej powieści, więc postanawia zakończyć ich związek w okrężny sposób. Stopniowo zbliża się również do Joséphine, ale do końca powieści nic wielkiego się między nimi nie dzieje, choć wydają się być w dobrych stosunkach, gdy widzą się po raz ostatni, kiedy zabiera Zoé i Alexandre'a do Évian na przejażdżkę konną.

MARCEL GROBZ

Marcel jest założycielem Casamii, dobrze prosperującej firmy produkującej meble i artykuły gospodarstwa domowego. Jest nieco niezdarny, a ożenił się z Henriette, ponieważ myślał, że pomoże mu ona podnieść jego pozycję społeczną. Jednak ona nieustannie mu dokucza, a on zaczyna odnajdywać większe znaczenie w związku z kochanką Josiane, która pracuje dla niego od 15 lat. Kiedy ona rodzi jego dziecko, on mówi Henriette, że ją opuszcza i wreszcie czuje się szczęśliwy i spełniony.

SHIRLEY

Shirley ma 36 lat i jest sąsiadką Joséphine w ich apartamentowcu w Courbevoie. To ona mówi jej, że Antoine ją zdradza i namawia do wyrzucenia go z domu. Jest wysoka i szeroka, ma krótkie, gęste blond włosy i złote oczy. Udziela lekcji śpiewu, sprzedaje ciasta w restauracji i jest pasjonatką ekologicznej żywności. Od dawna otacza ją aura tajemniczości, wydaje się, że skrywa jakiś sekret. W końcu zwierza się Joséphine: jest nieślubną córką królowej Anglii i kiedyś wyznała to tajemniczemu "mężczyźnie w czerni", w którym była szaleńczo zakochana, ale potem została zmuszona do ucieczki z Anglii do Courbevoie, gdy ten zagroził, że powie wszystko prasie. Gdy miała 21 lat, urodziła syna Gary'ego, który ma teraz 15 lat i jest bardzo blisko matki.

LUCA

Luca zostaje chłopakiem Joséphine po tym, jak Antoine ją opuszcza. Pracuje nad książką o historii łez od średniowiecza do współczesności dla wydawnictwa uniwersyteckiego. Na początku Joséphine nie wie, co z nim zrobić, ponieważ jest nieco ponury, często wydaje się odległy i wielokrotnie znika bez słowa. Później określają swój związek wyraźniej i zaczynają się spotykać w jego domu każdego popołudnia. Ma on brata bliźniaka, Vittorio, który jest modelem.

ANALIZA

POWIEŚĆ NAPĘDZANA PRZEZ CHARAKTERY

Powieść obraca się wokół swoich bohaterów w znacznie większym stopniu niż fabuła. Bohaterowie są wyjątkowo realistyczni i tak drobiazgowo opisani, że mamy wrażenie, że naprawdę ich znamy.

Pancol zawsze podkreślała wagę, jaką przywiązuje do swoich bohaterów, gdy pisze swoje powieści. Ich losy nie są od początku ustalone: zna je bardzo dobrze, ale mają one swoje własne życie i przygody, więc po prostu podąża za nimi. W przypadku *"Żółtych oczu krokodyli"* nie planowała, że Joséphine będzie główną bohaterką, ale uznała, że jej rola rośnie w miarę pisania. W pewnym sensie można ją postrzegać jako antybohaterkę: jest przedstawiona jako nadmiernie wrażliwa i w przeciwieństwie do swojej siostry nie posiada wielu cech, które zwykle kojarzymy z bohaterkami, takich jak siła, piękno i siła napędowa.

Pancol powiedziała, że żyje ze swoimi bohaterami, ponieważ są oni stale z nią i granice między jej prawdziwym życiem a fikcyjnym światem, który stworzyła, zaczynają się zacierać. Co więcej, jej bohaterowie opierają się na osobach, które spotkała w swoim życiu.

PORTRET WSPÓŁCZESNEJ FRANCJI

Niezwykle realistyczne postaci Pancol i szczegółowe opisy ich codziennego życia czynią z jej powieści drobiazgowy portret współczesnej Francji. Aby to osiągnąć, autorka stosuje podejście podobne do francuskiego pisarza przyrodnika Émile'a Zoli (1840-1902), który tworząc swoje powieści, opierał się na wyczerpującej dokumentacji. Pancol wykorzystuje swoje dziennikarskie wykształcenie i przeprowadza szeroko zakrojone badania do każdej ze swoich powieści: na przykład, aby opisać pracę Marcela, gdy próbuje on kupić dużą chińską fabrykę, zbadała przemysłowców, którzy pracowali na chińskim rynku. Niektóre z jej powieści zawierają również bibliografię, w której wymienione są wszystkie źródła, z których korzystała w trakcie swoich badań.

 ## ZOLA I NATURALIZM

W połowie XIX wieku we Francji, zanim rozprzestrzeniły się w całej Europie, pojawiły się dwa nowe ruchy literackie i artystyczne: realizm, który charakteryzował się dążeniem do wiernego oddania rzeczywistości, a następnie naturalizm.

Zola był czołową postacią naturalizmu. Jego ambicją było wyjście poza realizm, który starał się obserwować i odtwarzać rzeczywistość, poprzez zastosowanie niedawno opracowanych eksperymentalnych metod naukowych, zwłaszcza Claude'a Bernarda (francuski fizjolog, 1813-1878), które opierały się na obserwacji, po której następowała hipoteza, a następnie eksperyment. W konsekwencji proces pisania Zoli polegał na obserwowaniu rzeczywistości, tworzeniu hipotezy na podstawie tej obserwacji i eksperymentowaniu w celu jej sprawdzenia. W swoich powieściach Zola umieszcza jednostki o określonych cechach charakteru w konkretnym otoczeniu i opowiada o wydarzeniach, które z tego wynikają. W obszernym, 20-powieściowym cyklu *Les Rougon-Macquart starał* się pokazać, że losy jednostek kształtowane są przez swoisty podwójny determinizm: dziedziczność biologiczną i wpływ środowiska.

MOZAIKOWA POWIEŚĆ O POSZUKIWANIU SZCZĘŚCIA

Podobnie jak dwie kolejne powieści z trylogii Pancola, *Zólte oczy krokodyla* podzielone są na pięć części, z których każda przedstawia perspektywę wielu bohaterów i opowiada istotne dla fabuły epizody. Narracja pędzi naprzód bez zbędnych ozdobników i przerw w akcji, jest pełna zwrotów akcji, które odzwierciedlają zgiełk współczesnego życia.

Powieść przedstawia codzienne życie swoich bohaterów i pokazuje, jak ich interakcje z innymi i własne decyzje wpływają na ich losy. Ogólnie rzecz biorąc, wszyscy oni próbują się dopasować, a czytelnik śledzi ich w tej podróży. W tym sensie powieść dzieli pewne cechy z *Bildungsroman*, chociaż bohaterowie są znacznie starsi niż typowi bohaterowie tego gatunku.

 ## BILDUNGSROMAN

Bildungsroman, znany również jako powieść o dojrzewaniu, pojawił się po raz pierwszy w XVIII wieku za sprawą Johanna Wolfganga von Goethego (niemiecki pisarz, 1749-1832). Jest to fikcyjna relacja, która śledzi ewolucję bohatera i jego spojrzenia na świat, w miarę jak stawia czoła zmieniającym życie wydarzeniom, takim jak miłość i śmierć, i dojrzewa dzięki lekcjom, jakie dają mu doświadczenia. W niektórych przypadkach bohater odkrywa i realizuje swoje artystyczne powołanie; ten podgatunek znany jest jako *Künstlerroman*. Niektóre z najbardziej znanych powieści o **dojrzewaniu** to *"Wielkie nadzieje"* (1861) Charlesa Dickensa (1812-1870), *"Przygody Huckleberry Finna" (*1884) Marka Twaina (1835-1910) i *"Zabić drozda" (*1960) Harper Lee (1926-2016).

Wszyscy bohaterowie powieści próbują odnaleźć szczęście, nawet jeśli muszą przejść przez zmiany i rozstania, by to osiągnąć:

- Na początku Joséphine jest zamknięta w sobie i przeżywa trudności w życiu osobistym. Po odejściu Antoine'a jest zmuszona do samotności i ciężko pracuje nad pokonaniem swoich wewnętrznych demonów: uczy się utrzymywać dystans wobec matki, zbliża się do Luki, a następnie Philippe'a. Ponadto zdobywa uznanie zawodowe, gdy wychodzi na jaw, że to ona jest prawdziwą autorką książki swojej siostry.

- Iris ma wszystkie dobra materialne, jakich mogłaby kiedykolwiek zapragnąć, ale żyje tylko dla innych ludzi i jest zafiksowana na tym, co oni o niej myślą. To dlatego pracuje tak ciężko, aby utrzymać swój profil publiczny po jej książce jest opublikowany. Ponadto, jest nieszczęśliwa w swoim małżeństwie, ponieważ wciąż nie jest ponad jej pierwszą miłością. Jest osobą, która traci najwięcej na końcu powieści: mąż ją opuszcza, jej dawny płomień jest żonaty z kimś innym, a ona sama zostaje publicznie skompromitowana, gdy prawda o jej powieści wychodzi na jaw. Zawsze bardzo dbała o swoją reputację, ale teraz jest ona w strzępach.

Bohaterowie rozwijają się przez całą trylogię i powiązaną z nią trylogię, która następuje po niej, *Muchachas*. Historia rozpoczyna się w kluczowym momencie życia każdego z bohaterów (Antoine opuszcza Joséphine, Iris i Philippe oddalają się od siebie, małżeństwo Henriette i Marcela rozpada się), a oni sami zmieniają się w miarę jej trwania, poszukując szczęścia i spełnienia.

XII W.

Joséphine jest badaczką w prestiżowym Centre National de la Recherche Scientifique, specjalizującą się w roli i statusie kobiet w XII wieku. Zoé uwielbia, gdy matka opowiada jej o Eleonorze z Akwitanii (królowa Francji potem Anglii, 1122-1204). Joséphine jest szczególnie zainteresowana pracą kobiet w tym okresie: wbrew powszechnemu przekonaniu nie były one ograniczone do domu, gdzie prowadziły życie rekreacyjne, ale pracowały tak samo jak mężczyźni, choć wykonywały inne zadania. Lubi dostrzegać związki między XII wiekiem a światem współczesnym i uważa, że te dwie epoki mają w rzeczywistości wiele wspólnego. Bohaterką pisanej przez nią powieści *"A Most Humble Queen"* jest dwunastowieczna kobieta o imieniu Florine, która nie chce być niczym więcej jak przedmiotem handlu w małżeństwie.

W życiu codziennym Joséphine dużo myśli o średniowieczu, a zainteresowanie to staje się w końcu jedynym źródłem utrzymania jej rodziny. Kiedy śni, wyobraża sobie siebie jako postać historyczną. Potrafi znaleźć powiązania między nawet najmniejszymi szczegółami a XII wiekiem, jak na przykład wtedy, gdy powieść wyjaśnia, że słowo "inspiracja" pochodzi z tego okresu. Dwunasty wiek ma również wpływ na Iris, ponieważ wydaje się być związany z konkretnymi momentami w jej życiu. O ile jednak zainteresowanie Joséphine tym okresem wydaje się naturalne, wszystkim trudno uwierzyć, że Iris, która jest mniej wykształcona i przyzwyczajona do życia bezczynnego, również nagle się nim zainteresowała.

PROCES PISANIA

W centrum powieści znajdują się dwie pisarki: Joséphine i Iris. Kiedy Iris prosi ją o napisanie w jej imieniu powieści, Joséphine pisze o XII wieku, co jest jej pasją i dziedziną, w której się specjalizuje. Iris z kolei to sfrustrowana artystka, której marzenia o pracy przy hollywoodzkim filmie legły w gruzach, gdy inny student odkrył, że jej scenariusz, który już wtedy wywoływał szum w branży, został splagiatowany. Choć mąż zachęca ją do znalezienia twórczego ujścia, ona sama na dobre przestaje pisać.

Pisanie jest sercem powieści, ponieważ zarówno fabuła, jak i rozwój postaci obracają się wokół tego procesu i konsekwencji niezwykłego paktu Iris i Joséphine. Książka Joséphine, *A Most Humble Queen*, opowiada o królowej, która kieruje się sercem, tak jak bohaterowie Pancola w poszukiwaniu szczęścia. Kiedy Joséphine pracuje nad powieścią, stopniowo przejmuje ona całą jej egzystencję, do tego stopnia, że zaczyna myśleć o tym, jak mogłaby wprowadzić do opowieści elementy z własnego życia i wszędzie nosi ze sobą notatnik, aby móc zapisywać pomysły, gdy tylko przyjdą jej do głowy. Kiedy Luca zaprasza ją na randkę, jeszcze zanim do niej dojdzie, myśli o tym, jak mogłaby przenieść swoje uczucia do niego na swoją bohaterkę Florine, zakochując ją w jednym z jej mężów. Oddaje się swojemu rzemiosłu i pracuje nad nim bardzo sumiennie, tak jak Pancol nad swoimi powieściami.

RELACJE RODZINNE

Powieść eksploruje również szereg relacji rodzinnych, które mogą okazać się dość skomplikowane. Na przykład relacje Henriette z córkami są skomplikowane, gdyż Iris zawsze była jej ulubienicą. W pewnym momencie Joséphine wspomina epizod z ich dzieciństwa, kiedy obie prawie utonęły, a Henriette postanowiła najpierw uratować Iris. Nie ma jej jednak za złe zaniedbania i złego traktowania, gdyż uważa, że dzięki temu zyskała niezależność i odporność, które są jej potrzebne, by wywalczyć sobie własne miejsce w świecie.

Joséphine ma również kontrastowe relacje z córkami, choć w jej przypadku wynika to z ich odmiennych temperamentów. Zoé jest wrażliwa i czuła, co daje ujście matczynej czułości Joséphine, podczas gdy Hortensja ma dumną, niemal wyniosłą cechę. Jest jednak mniej zimna i nieczuła, niż może się wydawać, ponieważ nadal troszczy się o to, co myśli jej matka i mięknie w trakcie powieści. Jej postawa na końcu powieści bierze jej matka całkowicie zaskoczony, a ona jest zaniepokojony, że może reagować źle na jej inicjatywy. Jednak jej duchowa obrona matki kończy się wykuwaniem bliskiej więzi między nimi i uświadamianiem im, jak bardzo są dla siebie ważni.

Jednak relacja, która jest najbardziej szczegółowo zbadana w powieści, to ta między Iris i Joséphine. Książka napisana przez Joséphine stanowi punkt zwrotny w relacjach obu sióstr, które mają bardzo różne osobowości. Podczas gdy Iris wykorzystuje siostrę, by wzmocnić swoją reputację, Joséphine również wiele zyskuje dzięki temu doświadczeniu, ponieważ uczy ją ono, jak pozbyć się wpływu Henriette i Iris i wziąć swoje życie we własne ręce. W ten sposób podąża śladami innych bohaterów powieści i wyrusza na poszukiwanie szczęścia.

DALSZA REFLEKSJA

KILKA PYTAŃ DO PRZEMYŚLENIA...

- Wyjaśnij, dlaczego Joséphine można określić jako antybohaterkę.

- W trakcie trylogii Philippe zmienia się z rozsądnego biznesmena, który przejmuje się tym, jak widzą go inni, w oddanego ojca, który coraz mniej dba o status społeczny. Jak wytłumaczyłbyś tę zmianę? W jaki sposób zaczyna się on zmieniać w pierwszej powieści?

- Napisz szczegółowe studium postaci Joséphine i Iris oraz skomentuj sposób, w jaki rozwija się ich związek.

- Dlaczego powieść można określić jako *Bildungsroman*? Porównaj ją z innymi znanymi utworami z tego samego gatunku.

- Tytuł powieści nawiązuje do pewnego szczegółu z opowiadania. Wyjaśnij, co to jest. Twoim zdaniem, dlaczego Pancol postanowił zwrócić na niego uwagę?

- Wyjaśnij, co sprawia, że jest to powieść realistyczna.

- Jak mozaikowe pisarstwo Pancola można było przenieść na grunt kina? Czy Waszym zdaniem adaptacja filmowa z 2014 roku skutecznie oddała jej styl?

DALSZE CZYTANIE

WYDANIE REFERENCYJNE

Pancol, K. (2013) *The Yellow Eyes of Crocodiles*. Trans. Rodarmor, W. i Dickinson, H. New York: Penguin.

LINKI

Oficjalna strona Katarzyny Pancol: <http://www.katherine-pancol.com/us/>

ADAPTACJE

Les Yeux Jaunes des Crocodiles. (2014) [Film]. Cécile Telerman. Dir. Francja: Les Films Manuel Munz.

Chcemy usłyszeć od Ciebie, co się dzieje!
Zostaw komentarz na temat swojej internetowej biblioteki
i podziel się swoimi ulubionymi książkami w mediach społecznościowych!

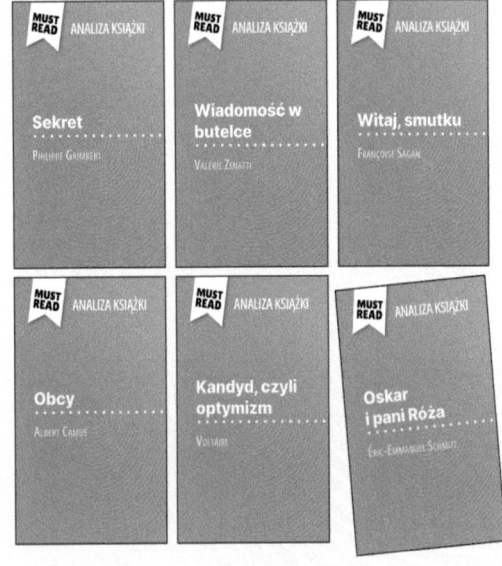

Wydawca zapewnia o wiarygodności publikowanych informacji,
co jednak nie może wiązać się z jego odpowiedzialnością.

www.50minutes.com

Master ISBN: 9782808694780
Papierowy ISBN: 9782808616188
Depozyt prawny: D/2023/12603/1898

Verhaal: © Primento

Projekt cyfrowy: Primento, cyfrowy partner wydawców.